子どもが本をひらくとき

石井桃子講演録

目次

子どもが本をひらくとき

ブックデザイン＝熊谷博人・望月文子

子どもが本をひらくとき

本講演は、大阪府立国際児童文学館の開館記念講演会『子どもが本をひらくとき』（財団法人 大阪国際児童文学館主催）として一九八四年五月十二日（土）、大阪府吹田市万博記念公園内の国立民族学博物館において行われたものです。

石井桃子の著作権は、公益財団法人 東京子ども図書館が管理しています。

はじめに

先ほど何かとても偉い人間のような、大変な仕事をしてきた人として紹介していただきましたけれども、私はそれほど自分が大したことをしてきたとは思っておりません。まして、日本の児童文学をリードしてきたということもまったく思っておりません。また、お話が下手なものですから、どこから話があってもお断りして失礼しているような始末です。

今日、こういうお話をすることになりましたきっかけは、大阪府立国際児童文学館というのがいよいよ開くから、話をしてくれないか、と鳥越信[注1]さんから何カ月か前にお話がありまして、何度も何度もお断りしたのですけれども、鳥越さんも負けずに何度も電話をかけて下さる。鳥越さんと私は、「岩波の子どもの本」をはじめた時に、机を並べて働いた間柄ですが、あれほど鳥越さんが一所懸命集めて愛していらした本を、ここで、皆さんに公開するという、そういうおめでたい日に、私は、断ってはいけないのではないかというように、だんだんに思いはじめたのです。また大勢の方がいらっしゃる会だとは、鳥越さんはおっしゃいませんでした。小さいホールだからということで、うかうかと話に乗ってしまいました。昨日ここに着いてみましたら、もう大勢の皆さんで満杯になっていらっしゃるという話で、私は、これは大変なことになってしまったなと思ってびっくりしております。

　鳥越さんはなんでもいいから話してくれとおっしゃいました。ですから私も筋道だったお話ではありませんけれども、私が文字を知ってから七十年の間、どういうふうな思いをしてきたかということを、ほんとにチグハグながら、お話して、皆さんにきいていただきたいと思います。私、目は片っぽほとんど見えませんし、耳も片っぽはきこえません。ほんとにポンコツ人間で、ここに出て、理屈《りくつ》のある話をする資格がないのですけれども、私が今までに考えてきたこと、それから、経てきた道というものを、なんとかお話して、一時間きいていただきたいと思います。

幼いころの思い出

本は私にとって小さいときから、もうとっても大事なものでした。ですが、皆さんからなぜかってきかれても、私はその理由を説明することができません。

私は覚えるのがとても遅い子でして、満足にカタカナをすっと読めるようになったのは、たぶん一年生の終わりごろではないかと思います。それでは、それまではなんにもわからなかったかっていいますと、きょうだいが大勢で、末っ子でしたものですから、祖父母からたくさんお話をきいて育ちました。その祖父母は、私が五歳ぐらいのときに亡くなりましたが、その後は姉たちがお話をきかせてくれました。子どもの頭というものは、文字を感じることができたし、見ること、色の美しさを知ることができたし、文字を見ていなければ決して何も学んでいない、ということではないのですね。それに私が何よりもありがたいと思いますことに、私の周りには自然がたっぷりありました。そして、来る年も来る年も同じように四季がめぐりくること。そういう中で私が春というものを、おぼろげながら意識したのは二歳くらいのころと思います。三歳・四歳・五歳ぐらいのときの春を待つ気持ちというようなのは、もし私の『幼ものがたり』（福音館書店、一九八一年）を読んだ方なら、どのくらい私が春を満喫していたか、毎年ここにはどういう花が咲くのだなということを学んでいった道筋を、知ってくださると思うのです。そういうことは、今小さい人たちが、学校に行く前からお母さんたちに字を教わって、「これは、なんていう字ですよ、花という字ですよ」ということを教わる以上に、私の頭の中にはちゃんと花というものの用意ができていたと思うのですね。私は満六歳で学校にあがりました。早生《はやう》まれでしたから、ほかの子よりは幼かったかと思いますが、なかなかカタカナが覚えられませんでした。カタカナは記号みたいなものですから。

頭はとても進んでいるのに字が覚えられないのです。ほんとに区別がつかなかったのです。そして私はお友達と一緒に長い道筋を、浦和の北のはじから南のはじまで小学校へ通っていきました。そこに並んでいる一軒一軒のお店はみんな覚えていましたけれども、その看板を読めるふりをして行ったことが、かなり長い間あったということを今も覚えております。読めなかったのですが、一年生の終わりになりますと、どうやら字というものがわかってきました。とたんにもう二年生からは、長い本を読んでおりました。ということは、それまでに私の中に、ものを考える力や感じる力や理屈をたどる力というものがすでに蓄えられていたのだと思います。そして二年生になりますと女子師範《しはん》の付属だったものですから、お母さんたち、父母会というものが学級文庫を作ってくれまして、それぞれ学校のクラスの後ろに本棚ができて、そこに本が並んでおりました。鳥越さんに伺えば、「あ、それはなんの本だよ」って教えてくださるかと思うのですけれども、頼みの綱にしてきた鳥越さんがご病気になって東京にお帰りになったそうで、私にはそれがなんの本かわかりません。『アラビアン・ナイト』や『不思議の国のアリス』やそれから昔話ですね、『日本の昔話』、そういうものが薄いわりに版の大きな本で、ページはいくらもなかったと思いますけれども、アリスなんかがそんなに薄いはずはなかったと思います。そしてそれを二年生ですからひらがなで読んだと思いますが、夢中になって毎日とっかえひっかえ借りて、その本を読みながら、家《うち》まで、できるだけ人の通らない道を通って帰りました。そういうふうな、ゆっくりした、ほんとに今の六歳の子どもと比べてみると驚くほどゆっくりした成長の過程でした。そういうものが今の子どもと比べてこれから先どういう違いになるかということなのですが……。

今の子ども、随分、私たちとものの感じ方が違います。私はそのころ本が大好きになった。本があれば、それは私にとってご馳走《ちそう》でした。そして今私は、目が悪いものですから、とっている新聞もだんだんだんだん少なくして、今は一つしかとっていません。それも、朝きた新聞を夕方までに、もう、とても読みきれませんから、見出しを見て、見たいところだけ見て、そして、読まないままに、束ねてちり紙交換の人に出してしまいますけれども、今日は書評の欄のある日だなと思うと、朝、胸がおどります。私は書評に載った本をいちいち買って読むわけではありません。だけれど、世の中にこういうふうにいい本を次々に書いてくださる方があるということ、それからまた、どんな時代になっても本を書こうということがあること、そういうことが、もうとっても私には嬉しいことで、幸せなことなのです。私は自分でもそういう意味では幸せな時代に育ったなぁと思っております。今の子どもというのが、大変問題になっているということですが、今の子どもと私たちの子ども時代とどう違うのか。今の子どもも、二十年前ぐらいまでは、あまり私たちと違わなかったのです。でも、私はこのごろ、今の子どもに対してとても心配をしはじめています。

人生の途中から、ほんとに偶然《ぐうぜん》のことで、子どもの本を書く人間と世間様が思ってくださっています。私は別に子どもの、児童文学の専門家だと自信をもって言うことはできませんが、世の中の方がそう思ってくださって、私が書いたり訳したりする本を買ってくださり、そしてそれで生活をたてていることになりましたから、まあ子どもの本の専門家というふうに常識では言わなくてはいけないのかと思います。子どもの本と、偶然のきっかけだけで結びついたのです。

私は小さいときから子どもの本が大好きでしたけれども、歳とともに、やっぱり女学校に行けば女学生なりの本を読み、大学に行けば大学生なりの本を読んできたわけです。けれども、どうして私はこんなに子どもの本が今でも面白いのかな、ということを時々不思議に思っております。子どもの本をちっとも面白いと思わない大人の人がいます。そういう人はどういうことなのか、私にはよくわかりません。けれども、それは私が小さいときに子どもの本をほんとに満喫するまで楽しんだから、今でも大人の本を楽しむのと同じように子どもの本が楽しめるのではないかなと思います。

子どもの本とのかかわり

戦争中に『ノンちゃん雲に乗る』（大地書房、一九四七年）を書きましたが、それもまったくの偶然でして、日本がもう旗色《はたいろ》が悪くなって、どういうふうにしてこの先、生

『ノンちゃん雲に乗る』（1949 年、大地書房）

きていくかというようなときに、友達のために書いた本が、あの本だったのです。私は書いた時には、子どもの本だとは思っていませんでした。大人に読んでもらったのですから……、男の友達が大勢いましたから、その人たちは戦争に行く、いずれは死ななくてはならないかもしれない、そういう人たちがよく私の家に、遊びにまいりました。そこで、私なにかあなた方に本書いてあげますねって一章ずつ書いて、そういう人たちが回し読みしていたのがノンちゃんだったわけです。ノンちゃんを書きまして、将校だったり兵隊だったりした人たちが、それを兵舎《へいしゃ》に持ち帰り、夜中、就寝《しゅうしん》時間中に、その本を、その原稿ですね、クチャクチャのわら半紙みたいな原稿用紙に書いたと思いますけれども、こっそり読んでくれたのです。兵隊というのはほんとに非人間的な生活をしていたのですけれども、「ノンちゃんを読んでいるときだけ、自分はその何時間だか人間になる」と言ってくれた人があったものですから、私はもうとても励まされて、とうとう次から次へと書いてしまいました。戦争になりつつあるころ、そんな話なんかを書いていても、どこの本屋さんも出してくれませんから、その原稿を持って、あっちこっちお百姓《ひゃくしょう》をして歩いたりして戦争の終わるまで、それは原稿のまま私の手もとで眠っていました。

その少し前から、また別のところで『プー』っていう本[注2]にぶつかりました。そのときにはもう、私は子どもの本だとは思いましたが、私自身とても面白かったものです。あるとき、知人の家へ行きましたらその本があり、子どもたちに英語の本を訳してくれと言われ、一緒に読みだしたのがプーを知るきっかけで、私はそのときは著者のこともなんにも知りませんでした。プーというのが何かってこともまったく知りませんでした。そしていきなりそのお話を、子どもたちに、小学校四年生と学校へ行く前の子どもでしたが、その子どもたちを前にして一緒に読みはじめましたら、その子どもたちも面白がりましたけれど、自分が夢中になってしまいました。私はその本を、また次のお話をしてあげるからと言って借りて帰って、一晩で読んでほんとに楽しみました。もう、中国との戦争が始まっていました。その子どもたちに話してやると同時に、私は大人の友達にも読んであげました。そのお友達が病

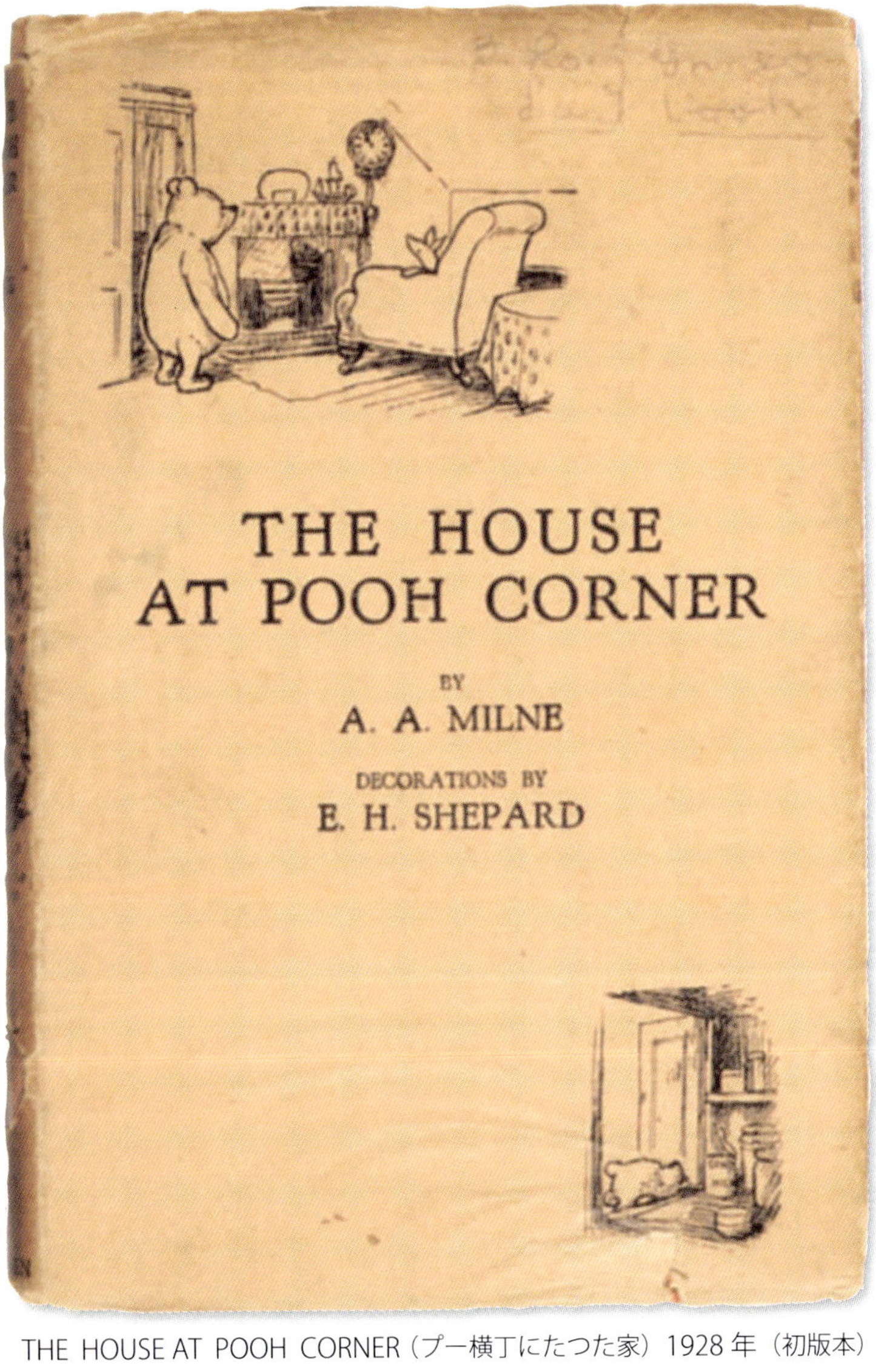

THE HOUSE AT POOH CORNER（プー横丁にたつた家）1928 年（初版本）

気で亡くなってから、その原稿を岩波書店に持っていきましたところが、運よく出してくれたのです。そのころは敵性国家《てきせいこっか》のものなんていうのは、なかなか紙が配給にならなくて、本当は出せなかったのですけれども、なんの拍子か出していただくことができました。そうしたら、戦争中ほんとに忠君愛国《ちゅうくんあいこく》だけがうたわれていた時代にも、ああいう本を待ち望んでいた人があるとみえて、たちまち、いくらでもなかったのですが、売り切れになってしまった。そして、ある友達は、もう、なんとかしてそれが欲しいから、ある古本屋に行ったら『〇〇のプー』というやぶけた本があったから買ってきたと言って、とっても喜んでおりました。私のところにあるのも人に貸したりして、全部なくなってしまい、今持っておりますのは、「子どもが大きくなったから、あなたに返してあげましょう」と言って返してもらった本で、最初に私が自分でとっておこうと思った本はなくなってしまいました。そういうふうに、どういうものか大人の本を読むと同時に子どもの本が好きだったものですから、岩波で少年文庫を出すときに、石井は子どもの本の専門家だというふうにお思いになったのでしょう。

私が東北でお百姓をしておりましたら、東京へ来るようにということなのです。少年文庫と、それから子どもの本を始めるから、出てこいって。私はそのとき夢中で牧場をしようと思っていたものですから、もう東京のことは遠いことでした。本当にお百姓をしておりますと、文字を書いてお金をとって暮らすなんていうことは、もう遠いことのように思えたのです。でも、まあ、お百姓だけでは食べていかれないものですから、東京へ出てきて岩波といろいろ話し合いました。本当にする気ならば子どもの部をつくるからというので。私はぜひ村の人に牧場をやって、ミルクプラントを作ってもらいたかった。そのかわりに私が子どもの本に携わって、月給をとって農場の方へ送ることにして、片手間と言っては悪いのですけれども、まだお百姓の方に未練があって、東京へ出てまいりました。そうしましたら、とてもそういうことではできない仕事なのです。ほんとに一所懸命やらないと、子どもの本というのはできない。大人の本よりも難しいと思いました。なぜっていうと、大人の判断でつくれば読む人も大人の判断で読んでくれる。ダメだとすればダメであるということなのですけれども、相手が子どもでは、子どもというものは発表力がありませんから、決してなぜまずいか、なぜ面白くないかということを言ってくれません。ですから、もう、それをこちらで洞察しなくてはならないものですから、子どもの本というものは難しい仕事だ、と思って苦労いたしました。

五年ばかり岩波に勤めておりましたときに、私がいよいよ子どもの文学というものが、難しいと考えだして、苦しくてたまらなかった時に、外国へ留学するチャンスができ、岩波を辞めました。そして一年間アメリカとヨーロッパへ図書館の勉強に行きました。そのとき、いろいろ学んだことは、他の本に書いたりしましたからお話しませんけれども、帰ってきて、私がある程度納得して日本の出版社の人たちに「昔話というものは、子どもの本、そして子どもにとって、とっても大事なものですよ」とか、また、「子どもの文学というのはこういうふうにした方がいいのではないですか」と言い、それから「図書館員というものが、もう、実に大事な仕事で、図書館員というのは年季をかけて子どもを観察して子どもが答えないでいる答えを、自分で、長い間の、十年二十年の観察でもって子どもの心を読み取らなくてはいけない」などということを、かなりあちこちに行ってお話しました。けれども、なかなか、それを呑み込んでいただけなかったのです。今考えると、私は人さまにお話してはいましたが、自分だけで呑み込んでいて、やさしくというか、誰にでも分かるようなお話ができていなかったと思います。

「かつら文庫」と子どもをとりまく環境

岩波も辞めたことですし、まだ私の友達は村で仕事をして牛を飼っておりましたから、牛飼いの手伝いをしながら村の小学校へ二年間通って、国語の時間を一週間に一時間いただいて、子どもたちに本を読んでやりました。五年生から六年生まで、その子たちが卒業するまでつきあいました。その間、その子たちは字が読めないものですから、私が声をからして読むだけでした。ひらがなもカタカナもまじって書いてしまうような子どもたちでしたから、私は自分で読んでやりました。それで、ほんとにその時の勉強が役に立ったと思っています。そういうことを詳しく理屈で申し上げることは、大変長くなりますから、はしょります。これから村にいる限り、私は自分で声をだして読んでやらなくてはならない。なんとか、声をだしてやらなくても、自分で本を持って帰ってくれるような仕掛けをしなくてはならないと思いました。東京にも家がありましたから、「かつら文庫」を始めました。「かつら文庫」というのは昭和三十三年の三月一日に始めました。小さな部屋で本を並べて近所の子どもたちを呼び込みました。そして、「ここにはいつでも、土曜日には本がありますよ」ということを近所の人たちに言いました。みな友達と連れ立って、子どもたちが子どもたちを呼んで、そして、土曜日と日曜日は大入満員になったのです。その子どもたちの見せてくれる反応というのが、私がアメリカで見て、理屈で考えたことやなんかを、ほんとに如実《にょじつ》に正直に出してくれるのです。子どもたちは小さいうちは見開き一つで一つのもの、次のページをくると、まったく別のものが出てくる。三歳の子どもはそれでごく満足するのですけれど、もう少し大きくなると筋のあるお話が読めるようになる。読めるようになるのではないけれど、絵を読むようになってきます。そういうふうにして、小学校に行くまでにお話をきかせてやりますと、かなり長い話をきくようになります。三十分の昔話、というと皆さんびっくりなさるような長い話なのです。そういうのが、一年生で入ってきたばかりの子は五分で飽きてしまうのですけれども、三歳から来ている子は、一年生になるまでにすっかりながーいお話をきけるようになるのです。それは私が小学校のときにたどった道とおなじことなのだなあ、ということを、私はその時に考えました。

私は自分が本の世界に関係があるものですから、別に本を買っても損をしたとも思わないし、子どもが喜んでくれれば、私にとってはなによりの喜びでした。それを見て、岩波の新書の人たちが、七年たったから、かつら文庫の七年史を書いたらどうかと言ってくれました。私、かつら文庫に見学の方なんかいらっしゃるのが好きではなかったのです。子どもが、お客様を意識したりするものですから。なんとしても個人の力では、図書館はやっていけないのです。資力といい、人手といい、公共図書館というものは、みんなの税金から文化を文化として還元する。みんなに還元してくれるような仕掛けでやらなくてはいけないものです。外国では公共図書館がみんなそうなっております。ほんとに優れた図書館員がたくさんいます。私は、うらやましいと思いました。こういう人たちに若い図書館員がどんどん訓練《くんれん》されて、そしてまた、新しく子どもたちに接して、今こういう本がほんとに面白いよ、ということを無理にではなく、子どもたちに喜びとして与えてくれる。そういうところが、もっと日本でできなくてはいけないと思いました。私はかつら文庫の宣伝をするのは、もう決して本意ではないけれども、なんとか公共図書館の人たちに、ちょっとこう、発破《はっぱ》をかけたいというような気持ちで書きました。かつら文庫の、始まってから七年までの子どもの来かた、一人ひとりの子どもがどういうふうに本を読んでいたか。読めない子もいるし読める子もいるし、それがみんな同じいい子なのですけれども、それは十人十色で、みんな違うのだとほんとによくわかる。ああ、この子は頼もしい子だなぁと思う子が受験下手なのですね。このころになるとそれがよくわかってきました。それは日本の将来のためにとても嘆《なげ》かわしいことではないかしらと思うのです。

私の家の近所では、塾もありませんし、テレビもポツポツ出だした、というころの話です。そういう時代に、日本の、東京の子どもが、どういうふうに本を読んできたかということを、『子どもの図書館』（一九六五年）として岩波新書で出したわけなのです。そうしましたら、思いがけないことですけれども、日本中に文庫がパーッと広がってしまいました。私はもう、ほんとにお母さん方、それをやっていらっしゃる地域の方たちに申し訳ないと思いました。図書館は、個人とか地域の力でやるには、かなりの専門知識がいるので、手に余ることなのです。お母さん方がお金を集めて、本を買って、そしてそれがボロボロになってしまう。それをまた買いかえる。どれを買いかえて、どれを残したらいいか、捨ててしまったらいいかって、そういう判断もしなくてはなりません。『子どもの図書館』が出てから、文庫が増え続けているのを見て、ほんとに、もう、心が痛くなってしまいました。それで増刷のたびに「今度は絶版にしてもらいます」と言ったのですけれども、「注文があるから、そういうわけにもいきません」と言う。そのうちに文庫の記録というのを、たくさん送ってくださるようになりました。かつら文庫のやっていることを、そのままやっていらっしゃる方があるのです。子どもの一人ひとりの読書歴とかなんとかを、ずうっと書いている。お母さん方のエネルギー、それから金銭的にも、どれぐらい犠牲を払っているかってことが、申し訳なくて、とうとう絶版にしてもらいました。絶版にしてもう知らん顔をしていたのです。二、三年したら、ある中年の男の方から、神田の古本屋を探したけれど『子どもの図書館』がない。どうしてあれを絶版にしたのかって。私はこの本を出す前に、『子どもと文学』[注3]（中央公論社、一九六〇年）という本を、瀬田さんたち[注4]と一緒に出しまして、それまでの日本の児童文学というものに疑問を投げかけたりしました。それで脅迫《きょうはく》されたのではないかということを、その方が言ってきたのです。もしそれなら、私が談判に行くからあの本は続けて出すようにというお手紙がきて、私はほんとにびっくりしました。その人にすぐ返事を出しました。そんなこと言っている方もいないし決してそういう理由でやめたのではありません。ただ私は、文庫を増やしすぎるとはどういうことか、公共図書館が文庫におんぶしてしまうとはどういうことかって、非常に疑問に思いました。もし、文庫をもっとちゃんとやってもらいたいと思ったら、公共図書館でもっと力を貸してくれなくてはいけない。もっと、しょっちゅう来て意見を出してくれなくてはいけない。そういうことのためにやめたのですからと、その方に返事を差し上げた。ところがまた、注文が来て、仕方がありませんから増刷しますかっていうことで、今もポツポツと出ているわけでございます。

このごろ、文庫の増え方はだいぶ減ったようでございます。それには日本のいろいろな事情が加わっていると思います。幼稚園へも行かない。町はずれのほんとに田舎らしいところに育った私の子ども時代のように、幼稚園へも行かない。小学校というところは驚異《きょうい》……えらいところに行ったような気がして。先生はほんとにもう偉い先生だと思って、喜び勇んで行ったたっていうような、そういう子ども時代と、今の子ども時代がずいぶん違う。今の子どもたちはお母さんも働きに行かなくてはならないし、保育所に行き、幼稚園に行き、そして小学校までも、ある枠にはめられて育つということ、それは社会の変遷で仕方がないと思います。まだ自然がそばにあると、私ほんとにいいことだなぁと思うのですけれども、それも、どんどんどんどん埋められてしまって、そして、そういう組織だけができていくということ、それが、私、とても恐ろしいことだと思うのです。そして子どもたちは、昔、自然から学んだり、おばあさんから話をきいて学んだりしたことを、今何から学んでいるか、お絵描きから学んでいるのか。のびのびしたところが非常に少なくなってきたのではないかと思います。今度は小学校に行くと、お母さんとの話し合いは、どういうことでしょうか。学校から帰ってきて、お母さんは今日の勉強はどうだったの、ということをまずおききになる方も、かなりあるのではないかと思います。子どもの生活というのは、ほとんど勉強で占められてしまっている。かつら文庫の近所にも塾がたくさんできて、かつら文庫に来る子どもで、塾に行っていない子どもがいないくらいになってしまいました。

我らみな人類

私は目が悪くなり、耳もだんだんきこえなくなり、自分で文庫に出ていくことが、何年か前からできなくなりました。松岡享子[注5]さんなどと協力して「東京子ども図書館」[注6]という一つの組織をつくりました。そこで、図書館のお姉さんたちに勉強してもらい、その人たちが文庫の日に、私の家のかつら文庫に来るというような仕組みになりました。その若いお姉さんたちがとても心配するのですね。子どもの数がちりちり減っていく。子どもの本を読む力がちりちりなくなっていく。そしてお話がきけなくなる。注意が散漫《さんまん》になる。それはどういうことかということも、とっても心配するものですから、私はもう一喜一憂しないようにと言いました。昔ののびのびした子ども時代を経てきてみますと、なぜかそういうことはもう心配しないでいいのではないか、子どもは変わりないのだからって、私はいつも、その人たちに言って力づけようとしてきました。けれども、そういう人たちの実際の話をきいてから、私は一人になって、ほんとに沈思黙考《ちんしもっこう》してしまうのです。溜息《ためいき》をついて、いったい日本の子どもはどういうところへ行っているのだろうか。受験できるところへ行って、喜びを知らないところへ行っているのではないか。そういうことを考えて、ほんとに随分この二、三年考えあぐねました。半年ばかり前のことでした。私はあるとき自分の仕事をしながら、ちょっと考えがそれて、そのことに行ったのですね。そうして、それでずうっと考えたのです。そのきっかけというのは、ある小学校の先生が、まだ若い、六、七年教えた女の先生が家へみえて、「このごろ、子どもは本を読む力がなくなりましたか?」「長い本が読めなくなったっていうのは本当ですか?」と訊かれました。「それは本当です」と私が申し上げたら、その人にはとってもショックだったのですね。今の子どもしか見ていない人には、それはショックだったのです。だけれど前から、二十年前、三十年前の子どもから見ていると、その変化たるや、恐ろしいものがある。そして私はそのことから、あるとき、ほんとに考えこんでしまったのです。そのときに私は、なんの拍子だか思い出せないのですけれども……、ふっと「我らみな人類」という言葉が頭に浮かびました。そうだ「我らみな人類」。そうすると、人類っていうものは、みんなおんなじ、おなじ能力をもっています。十万年前からおなじ能力をもっているのです。人類になってから十万年たっていますけれども、その間におなじ能力をもって、二本の足で歩いて、言葉はもっていませんでしたけれど、叫び声はだせる。叫び声をだせる人が、なぜこんにちの言葉を話す人になったかっていうこと。私は文庫を始めたころから、生物学の本なんかを読むのが好きで、小学校へ行く前の子ども、それから小学校、もう十歳位までの子どもの頭の中は素晴らしいものなのだと知って、いつも驚嘆していたものですから、今の子どもが、それと違った人種になったはずはないのだということに、ふっと気づいたときに、もうとっても気が軽くなりました。「今の子どもを呼び戻せばいいのだ」と、そういうふうに思いいたりました。それで、それを呼び戻すのには、どうすればいいのかということが、私の今の課題なのです。

このごろはもう二、三十年、ＰＴＡの方かなんかにお話にはまいりません。その前、文庫を始めたころ、それから外国から帰ってきたころは、よくＰＴＡのお母さま方のところに呼ばれて、子どもの本についてお話したことがありました。そのときは、どんな話をしてきたかしらと思い、生半可《なまはんか》な話を申し上げたのではないかしら、と恐れています。今はもうまるで自分の呪文みたいに「我らみな人類」と唱えています。

子どもの成長と昔話

メモして、しょっちゅう見ている表[注7]があります。私が前にお話したことをおききになった方、あるいは私の口からおききになっていた方もいるかもしれないのですけれども、人類がどういうふうにして進歩してきたかということです。私はこの表を見ると、いつでも力づけられないではいないのです。七十万年前は、南アフリカに、アウストラロピテクスという原人がおりました。七十万年前ですから、脳の重さが五百五十グラムでした。これは、時実利彦[注8]先生という、偉い大脳生理学の先生が本に書いていらっしゃることです。それから五十万年前のジャワ原人は九百グラムになった。四百グラム増えるのに二十万年かかったのですね。それから、人になるまでに三十万年かかり、そして、あ、その間に北京原人がございます。それが千グラムになってネアンデルタールになるまで二十万年かかって、千二百から千六百グラムになる。そして、その後十万年前に千四百五十グラムの人類ができ、それから、こんにちまで人類は脳の重さは変わっていないのです。そういうことは、そのときに、人間は今とおなじ出来になっていたわけなのです。そのときに生まれた子どもたち、その人たちは着物を着ていなかったと思います。裸であったと思うのですね。それで赤ん坊が生まれた時には、お母さんは「おお、よしよし」なんてことは言わなかったと思うのです。「うわー、きょー」とかなんとか言ったのだろうと私思うのです。そのころ、音声はちゃんともっていたのですね。喉の進化も、脳によって随分変わってくるのだそうです。ところが私たちは言葉をもっている。今の人間の赤ん坊というのは、生まれたときに脳の重さが四百グラムで、大人の猿とおなじなのだそうです。三カ月になると五百五十グラムで、アウストラロピテクスという原人とおなじになる。六カ月で八百グラム、そして十一カ月でジャワ原人になる。三歳で北京原人、十歳でネアンデルタール人の脳の重さに相当する千二百グラムになってしまうわけです。そして、そういうことは、北京原人とかなんとかとは大人の脳ですから、今の子どもは、その何十万年かの間を、大人になる短い一年の間で増やしてしまうのです。それで、十歳になったころには、もうすでに創造する喜びを覚えるくらいの脳の発達をとげることができる。それで生まれたときに百四十億ですか、脳の細胞というものは、全部できてしまっている。そして、おっぱい飲んだりなにかするときの力っていうのは、もう、すでに働いているわけです。おなかがへれば泣いて、おっぱいを吸う。それからオシッコをし、ウンチをするっていうのは働いているわけですけれど、まだ言葉を言うことはできない。口から「もの」をだすことはできない。それがもう一歳でかなりのところまでいってしまう。それが全部最初に細胞の数ができてしまっているのです。そこに細胞と細胞の間に突起《とっき》ができ、それが線……ほそーい線ができて、絡みつくことによって交信を始めるのだそうです。そして、その交信を始めることによって働きを果たすことができるようになる。ですから、もう三歳ともなると、子どもたちはかなりの言葉をわかってしまうのです。

十万年前の人間のまわりにテレビはなかった。クルマもなかった。そして着る物もなかった。けれどもその後で旧石器時代になったときに言葉ができました。言葉ができて、火をつかうことを覚えて、お料理することができるようになる。道具をつくることができるようになる。そして、その旧石器時代の人たちが描くスペイン

お話をきく子どもたち　写真・吉岡一生、1979年

のアルタミラなんかの洞窟にある絵などは、もう、今の人を負かすほど感覚的で鋭い素晴らしい絵を描いています。新石器時代になると、絵は下手になるのだそうです。けれども、もっと働きは細密になって、絵が記号になるというのですね。そしてその人たちから十万年たって私たちができた。その人たちと私たちの間にあったものは、実に文化の積み重ねなのです。そして、この千年、二千年の間の、私たちが享受している文化というものも、源をつくった人たちは文字をもたなかっ

た人たち。中国なんかでは、かなり早くから文字ができましたけれども、そういう人たちがつくりだして、それを私たちがいま使っているわけなのです。ワープロだとかなんとかというものをつくり出してしまいました。そういうふうなテレビなど、私の家へはいってくるのは随分遅かったし、週刊誌は目が悪くて読みませんし、私、流行には疎いのです。けれども、今の人間としてはその方が幸せではないかしらと思うことがたびたびなのです。

三歳になる子どもの前を何が駆け抜けているか。生まれたときからテレビが駆け抜けているのですね。それから三歳になると、今度は幼稚園通い、保育所通い。小学校になると、今度は学校通いが始まる。そのときに子どもたちの頭の中の脳髄《のうずい》の結び、その交信の仕方は、どういうことなのでしょうか。私それを、もうほんとにこのごろ考えずにはいられません。このごろの文庫に来る子どもたちは、長い話をきけない。長い本は読めない。そして刺激の多い話でないとダメなのです。そういうことは、その子どもたちがハタチになり、三十歳になったときに、どういうことで現れてくるかということになると、今まで徐々に徐々に積み重ねてゆっくりと積み重ねてきたことを、「核」の問題ではありませんけれども、一挙に破壊《はかい》することになるのではないかしらなんて、私はもう時々、怖くなることがあります。さっきお話し、考えましたように、「我らみな人類」と思ったとき、私はもう、とても明るい気持ちになった、というのは、「今の子どもたちを呼び戻すことができるのだ」ということなのです。

今の子どもたちを呼び戻すことができるようにするのには、どうすればいいか。それは、その子どもたちがオギャーと生まれたときからだと思います。生まれたときに、お母さんが話しかけてやる。歌をうたってやる。そして、私は少し前まではお話をしてやれば、本はかなり後でもいいのではないかと思っていたのです。だけれども、本を見せることは、一歳から、いいえ零歳から、必要なのではないかということを、このごろ考え始めました。それは、その子に無理に見せる必要はありません。その家の本棚に零歳の子どもが見る本を置いていただきたいのです。それからお母さんの、本を読む姿を見せていただきたいと思うのです。テレビをなくすることはできませんから、テレビと並行してできるもの、ワープロと並行してできるもの、それは「人間的な交わり」なのです。

私は昔話のことを考えるたびに、とてもありがたくなるのです。昔話というものは児童文学の宝であって、児童文学ばかりではなく大人の文学にとっても宝なのですね。もしグリム兄弟がいなかったら、どうなっていたかしらと、私は恐ろしくなるときがあります。グリムという人たちは本当に私たち人類に、考えることのできないほど、大きな仕事をしてくれた人たちだと思います。けれどもそれよりも前に、私がお礼を言いたいのは、それを生み出してきた、文字を持たない人たちなのです。昔話を言葉で語り伝えてきた人たち、芸術家たち、そういう人たちがいたことを、私はとってもありがたいことだと思っています。それを私たちがやっぱり継承していかなくてはなりません。

人間は言葉によってのみ人間になれる

文庫で申しますと、どういう本が十五、六年前には奪い合って読まれ、今は読まれなくなったか、一つの例をあげてみます。ナルニアの本、『ナルニア国ものがたり』（全七巻、C・S・ルイス著、瀬田貞二訳、岩波書店、一九六六年）が出た当時は、次の巻が出るのを待ち構えて読んだものです。ところがこのごろ、この本を読み通す子どもがほとんどいません。たまにいますけれど、借りだしていって、「あ、これ僕借りているわ」などとカードを見て言うのですね。読んだこと忘れてしまっているのです。『ドリトル先生アフリカゆき』（ヒュー・ロフティング著、井伏鱒二訳、岩波書店、一九六一年）という本は今でもおなじように読まれています。この本、私は児童文学を勉強なさる方には、とても興味ある研究材料ではないかと思っています。ドリトル先生が、どんな手段で書かれていて、どんなテーマをもっているかということ。それを私はいつもほんとに面白いことだなぁと思っています。

イギリスにE・M・フォースター[注9]という偉い批評家、小説家がいます。もう亡くなりましたけれども、その人が『小説の諸相』、アスペクツ・オブ・ザ・ノベル（Aspects of the Novel）という本をお書きになっています。その内容は、昔から近代小説まで、ストーリー・登場人物・プロット・幻想《ファンタジー》・予言・パターンとリズム、と章立てにし、ちゃんと具体的に分析なさっています。日本の作家たちでもこういうのを書いて下さるといいなぁと私はつくづく思っています。物語の発端、人類が物語を始めた発端から、最後にジェームズ・ジョイス[注10]の小説にいたるまで書かれているのです。そのストーリーというもの、ストーリーはまず、最初にできたと言っているのです。ストーリーというものは、いちばん原始的で、単純で、それでいて根本的で、どんな新しい文学もこれから逃れることはできないと言っているのです。そういうことなどについて児童文学を勉強なさる方が、今の私たちが作り出している児童文学と比べて考えてごらんになると、とても面白い研究になるのではないかしらと思います。私の申し上げたいのはそういうことです。

私の書いたものについての、お話ではないのですが、子どもが本を失ったときに、どういうことになるか。子どもの言葉というものが失われると思うのです。人間の言葉というものが失われると思うのですね。「言葉は人間だ」と偉い学者たちが言っていらっしゃいます。「人間は言葉によってのみ人間になれる」[注11]というのです。もし、言葉がなかったら、人間はなりたたないのです。人間が人間であろうとすると、言葉がなくてはならない。言葉を定着させるものはなにかというと、私はやっぱり本以外にはないのではないかと思います。映像とかいろいろなものがありますけれども、やっぱりそれと並行して、言葉というものを私たちの中に蓄えていかないと、私たちは人間らしい生活をすることができない。そういうふうに考えます。それで、いつからそれを始めたらいいかということになると、零歳から始めていただきたい。そこで一つの本を、日本の本をご紹介しておきたいのです。まもなく日本の市場にでると思います。書名は『クシュラの奇跡』[注12]、クシュラという女の子、複雑な重い障害をもって生まれた子どもが、絵本によって言葉を知り成長していく道程を、おばあさんのドロシー・バトラー[注13]という人が書いていらっしゃいます。それが女の人が二人でやっている出版社の「のら社[注14]」から、もうじき出ます。私はそれをぜひ読んでいただいて、言葉というものと、形というものが、人間の脳にとってどんなに大事なものか、それからすべてが生まれるのだということを、ぜひその本によって納得していただきたいと思っています。二千八百円の高い本だそうですけれども、皆さん一人ひとりでお買いにならないで、お友達の間で買っていただければ、ほんとにありがたいと思います。

私の今まで考えてまいりましたこと、やってまいりましたこと、とりとめもないことですけれども、今日はこれだけ申し上げました。(完)

注

注1　鳥越信（とりごえ・しん）１９２９〜２０１３。児童文学評論家。岩波書店、早稲田大学教授、聖和大学大学院教授、など。「鳥越コレクション」と呼ばれた約12万冊の児童書・研究書を大阪府に寄贈し、これらをもとに、大阪府立国際児童文学館が開館、総括専門員となった。『日本児童文学史研究』（風濤社、１９７１）、『近代日本児童文学史研究』（おうふう、１９９４）、『子どもの本との出会い』（ミネルヴァ書房、１９９９）、『はじめて学ぶ日本の絵本史Ⅰ・Ⅱ・Ⅲ』（ミネルヴァ書房、２００１〜２００２）他。

注2　A・A・ミルン著『熊のプーさん』（１９４０）、『プー横丁にたった家』（１９４２）（共に岩波書店）。その後の書名と出版社は、『熊のプーさん』（英宝社、１９５０）、『クマのプーさん』（岩波少年文庫、１９５６）、『クマのプーさん　プー横丁にたった家』（岩波書店、１９６２）となる。

注3　『子どもと文学』中央公論社版は絶版になり、１９６７年に福音館書店から再刊された。執筆者は石井桃子・いぬいとみこ・鈴木晋一・瀬田貞二・松居直・渡辺茂男。

注4　瀬田貞二（せた・ていじ）１９１６〜１９７９。児童文学や絵本の企画・編集・評論・創作・翻訳など。『児童百科事典』（平凡社、企画・著・編集）、『絵本論——瀬田貞二子どもの本評論集』（１９８５）、『児童文学論——瀬田貞二子どもの本評論集 上・下』（２００９）（以上福音館書店）、『ナルニア国ものがたり 1〜7』（訳、１９６６）、『ホビットの冒険』（訳、１９６５）（以上岩波書店）、『三びきのやぎのがらがらどん』（訳、１９６５）、『ふるやのもり』（再話、１９６９）（以上福音館書店）、『指輪物語 1〜6』（訳、１９７２〜１９７５、評論社）他。

注5　松岡享子（まつおか・きょうこ）１９３５年、神戸市生まれ。児童文学作家・翻訳家。大阪市立図書館、松の実文庫、東京子ども図書館理事長、同名誉理事長。『サンタクロースの部屋』（こぐま社、１９７８）、『とこちゃんはどこ』（１９７０）、『くしゃみくしゃみ天のめぐみ』（１９６８）、『しろいうさぎとくろいうさぎ』（訳、１９６５）（以上福音館書店）、『えほんのせかいこどものせかい』（日本エディタースクール出版部、１９８７）他。

注6　東京子ども図書館（とうきょうこどもとしょかん）。石井桃子のかつら文庫・土屋滋子の二つの土屋文庫・松岡享子の松の実文庫が母体となって、１９７４年に財団法人として設立された私立図書館。子ども室の他資料室もあり、出版・講演会・講座などさまざまな活動をしている。２０１０年から公益財団法人。

注7　「表」は何を指しているか不明。時実利彦著『目で見る脳』（１９６９年、東京大学出版会）、『人

間であること』（１９７０）、『脳の話』（１９６２）（以上岩波新書）などの図表が参考になる。

注8 時実利彦（ときざね・としひこ）１９０９〜１９７３。生理学者、医学博士、東京大学名誉教授。専門は大脳生理学。『脳の話』（岩波書店、１９６２）、『脳と人間』（雷鳥社、１９６８）他。

注9 Edward Morgan Forster １８７９〜１９７０。イギリスの作家・評論家。『小説の諸相』は、１９２７年にケンブリッジ大学のトリニティ・カレッジでフォースターが行った講義をまとめた小説論集。日本では、田中西二郎訳、新潮文庫、１９５８年版と中野康司訳、みすず書房、１９９４年版がある。他に『眺めのいい部屋』（北條文緒訳、１９９３）、『ハワーズ・エンド』（小池滋訳、１９９４）、『インドへの道』（小野寺健訳、１９９５）（以上みすず書房）等の著作が知られている。

注10 James Augustine Joyce １８８２〜１９４１。アイルランドの小説家。『若き芸術家の肖像』、『ユリシーズ』など。

注11 時実利彦著『人間であること』（岩波新書）１３５ページに「ドイツの言語学者フンボルト（W.von Humboldt）が、「人間はただ、ことばによってのみ人間である」といっているように、」との記述がある。

注12 Cushla and her books １９７９、『クシュラの奇跡――１４０冊の絵本との日々』（百々佑利子訳、のら社、１９８４）。

注13 Dorothy Butler（ドロシー・バトラー）１９２５年、ニュージーランド生まれ。オークランド市タカブナで児童書専門店を経営。評論家。『赤ちゃんの本棚――０歳から６歳まで』（２００２）、『５

歳から8歳まで――子どもたちと本の世界』（1988）（以上のら書店）、『あかちゃんの本箱』（ブックグローブ社、1989）、Babies Need Books、Reading Begins at Home　など。

注14　「のら社」は1984年当時の社名で、後「のら書店」と改名している。二人の女性とは、恵良恭子さん、磯野誠子さんのこと。

子どもたちを思う情熱

伊藤元雄

本書は、一九八四年五月大阪に国際児童文学館が開館した時に、石井桃子さんが、記念講演をされた時の内容をまとめたものです。

大阪府立国際児童文学館が設立される数年前から、児童文学者、鳥越信さんが、ご自分の蔵書を中心に、児童文学館構想をたて活動していました。私は以前から、鳥越さんとはお付き合いがあり、今回の件でも、基本蔵書等のことで相談を受けていました。その鳥越さんから連絡があり、「石井さんに、記念講演をお願いしているが、よい返事がもらえない。君、お願いだが、石井さんに連絡してくれないか。伊藤さんが同行してくれるなら、考えても良いと言っている」。

私は、「え、なぜなの?」と思いながら、すぐに石井さんに連絡はしませんでした。相談する人がいたからです。一週間ほどして、師としていた布川角左衛門（元岩波書店編集部長）宅を訪れました。布川さんは会うなり、「元雄君、知っているよ。石井さんから連絡があった。一緒に行ってくれるからと返事しておいた」「君も、編集者として、光吉夏弥さん、瀬田貞二さん、鳥越信君たちの先輩から学ぶこともひとつだ」と言われ、私が返答することなく、すでに結論が出ていました。私はその場から石井さんに連絡すると、「ああ、よかった。関西の友人が一日案内したいと言っているので、スケジュールに入れておいて……」安心したのか、明るい口調でした。

記念講演をする五月十二日、石井さんを自宅に迎えに行くと、「これ（厚い本二冊位）、持っていた方がいいかしら」「荷物になるから、必要ないのでは。それより、講演のメモでも書いたのですか」「ないわ。筋立てぐらいは……ホテルに着いたら、誰も連絡しないで……夕食は関西うどんが食べたい」。久しぶりの旅行なのか、いろんなことを話しかけてきました。

「車中は、ゆっくり休んで」と言うと、「鳥越さんには、今回の講演は〈公〉にしない約束なので、あなたも知っておいて」。私は「いつかはまとめたい」「その時がきたらね」。結局、車中では休息することなく、二人の会話は尽きませんでした。

講演も無事終わり、石井さんは関西の友人たちと旅行にでかけました。〈公〉にしないということは、その後、私は、何かにつけて、石井さん、鳥越さんとお会いする機会に話し合いましたが、それからだいぶ年月がたったころ、〈公〉にしてよいとなるきっかけがありました。

石井さんの旧友である絵本作家、マーシャ・ブラウンが来日した時でした。石井さんの希望で、自宅で二人だけでゆっくり過ごしたいということで、楽しい一日を過ごす機会がありました。

アメリカの児童図書館、編集者などのことが話題になり、その中で石井さんが、「あの時の記録ある?」。「テープは、大阪にあると思いますが……」。「もらっておいて」。私は、「まとめたいと思うが……」「そうね、鳥越さんと相談してね」。その後も、マーシャと石井さんの楽しい会話は続きました。それからだいぶたったある日、石井さんから「あの件、私は今、いそがしいので改めて手を入れることができないので」と言われ、それ以来、今日まで長い歳月がたちました。鳥越さんも、児童文学館の廃館問題等で苦労をされて、病に倒れられてしまいました。石井さんは最後まで、子どもたちのために情熱を注がれました。今思えば、この件に関係した二人は亡くなられてしまいました。

私は、いつの日かは「まとめたい」と思い続けていました。三十数年の歳月がたちましたが、こうして改めて「まとめる」と、石井桃子さんが話されたひと言ひと言が、今も新鮮な言葉として、子どもたちを思う情熱となって伝わってきます。その情熱は今も生き続けていると思います。

私が初めて石井桃子さんと出会ったのは、一九七一年五月ごろで、出版社（誠文堂新光社）に勤務しながら、ジャーナリスト、編集者、図書館員、大学教授たちが結集した日本出版学会の活動に参加をしていたころでした。

ある日、布川さんが「これから岩波に行くが、君も来るか」と言われ、急いで駆け付けた時がありました。岩波書店に行く目的は、当時、雑誌「図書」の責任者であった浅見いく子さんと打合わせをすることでした。用件も終わり、帰ろうとすると、浅見さんが「石井さんがいらっしゃっています」と言われ、急いで石井さんの所へ行くと、ちょうど帰られる時でした。「お茶でも」と布川さんが誘うと、石井さんは「いつものラドリオで」と言われ、二人は急いで行きました（石井さんは別の人と待合わせていた）。この間、私は挨拶をするくらいで、「この人が石井桃子さんか」と無言のままでした。その後三人で談笑していると、それから間もなくして、笑みを浮かべ少し大柄で穏やかな雰囲気の男性が来ました。席につかれると同時に石井さんは私に「瀬田貞二さんですよ」と紹介してくれました。私は思いがけない二人との出会いに内心驚嘆しました。その後も、短いあいだでしたが、楽しい時間を過ごしました。この日の二人とは、その後も長く交遊が続きましたが、今、振り返ると、この日の出会いは、忘れられない大切なひとときでした。

＊

今回ようやくこの講演をまとめるにあたっては、石井桃子さんをよく理解された方々の協力のもとで実現しました。鉄ン子文庫（北海道）主宰者木下揚三夫妻と、嶋袋ワカ子さんに感謝しなければなりません。製作にあたっては、デザイナーの熊谷博人さん、校閲の藤沼亮さん、編集の山田豊さんにお世話になりました。

表紙の絵と印について

このバラの絵は、一九九三年五月、石井さんからいただいた葉書に描かれていたものです。裏表紙の印「桃」にはこんな思い出があります。マーシャ・ブラウン（絵本作家）が来日した時、石井さんの自宅で、ゆっくりと二人だけで過ごした時がありました。お互いがプレゼントを交換していた時、石井さんは、自著にこの印を押して渡していました。マーシャはその印を見て、「いいわ！（少し笑顔で）素晴らしい、ほしいわ」と、呟いていました。

略年譜

一九〇七（明40・0歳）　3月10日埼玉県浦和町で（現さいたま市浦和区）五女として誕生。

一九一三（大2・6歳）　埼玉県女子師範附属小学校入学。（現高砂小）

一九一九（大8・12歳）　埼玉県立浦和高等女学校入学。

一九二四（大13・17歳）　日本女子大学校英文科入学、（28年卒業）。＊大学在学中、菊池寛の資料整理をする。（ここで外国の珍しい書籍に出会う）

一九二九（昭4・22歳）　文藝春秋社入社（菊池寛の紹介）、永井龍男が編集長をしていた婦人サロン編集部に在籍。犬養毅の書庫整理にあたる。

一九三三（昭8・26歳）　犬養家で『プー横丁にたった家』の原書と出会う。この本は、西園寺公からプレゼントされた本。

一九三四（昭9・27歳）　山本有三に誘われ「日本少国民文庫」編集に携わる。（完結と同時に38年退社）

一九三八（昭13・31歳）　犬養邸の書庫を借りて、児童図書館「白林少年館」を始める。（「白林」は犬養毅の別荘の名前）

一九四〇（昭15・33歳）　白林少年館出版部を設立、『たのしい川邊』発行。（11月）この年親しかった井伏鱒二宅を訪問、大宰治と交友。（12月）

一九四五（昭20・38歳）　8月15日、終戦の日、友人と宮城県鶯沢村（現栗原市）で開拓をして農業生活を始める。この時期から創作童話『ノンちゃん雲に乗る』を書き始める。

一九四七（昭22・40歳）　『ノンちゃん雲に乗る』大地書房刊。同社は昭22年、秋山慶雄が創業。文芸雑誌「プロメテ」「日本小説」少女雑誌「白鳥」を発行、創業と同時に詩人野上彰が編集局長となる。野上は、草野心平、豊島与志雄を中心に、火の会を組織して、実業之日本社内で活動していた。当時、社内にいた藤田圭雄から『ノンちゃん雲に乗る』を紹介された。藤田は野上に『ノンちゃん雲に乗る』の引き受け手がなく石井桃子が印税で馬か牛を買いたいという願いが無駄になったと嘆いていた。（「図書新聞」昭和41年7月24日、野上彰）

一九四九（昭24・42歳）　日本文藝家協会会員になる。

一九五〇（昭25・43歳）　岩波書店に入社。（5月）

一九五一（昭26・44歳）『ノンちゃん雲に乗る』（光文社）、第1回芸術選奨文部大臣賞を受賞する。

一九五三（昭28・46歳）「岩波子どもの本」光吉夏弥と共に創刊する。（12月）

一九五四（昭29・47歳）第2回菊池寛賞受賞。5月岩波書店退社。ロックフェラー財団研究員（フェロー）として児童図書館視察（坂西志保の推薦）、1年間アメリカ、カナダへ留学。

一九五七（昭32・50歳）「家庭文庫研究会」をたち上げる。（村岡花子、土屋滋子らと共に）（8月）

一九五八（昭33・51歳）自宅（荻窪）に子ども図書館「かつら文庫」を開設。（3月）

一九六一（昭36・54歳）ニューヨーク、トロント、イギリスへ。（9月）

一九六四（昭39・57歳）ヴァージニア・リー・バートン来日、旧交を温める。（3月）

一九六七（昭42・60歳）ヨーロッパ、カナダへ友人と訪ねる。（8月）

一九七二（昭47・65歳）イギリスへ、サセックス（ファージョン）、ウィンダミア（ポター）作品の舞台を渡辺茂男と訪れる。アイリーン・コルウェルと共にグリーナウェイ・メダル授与式に出席する。（5月）

一九七四（昭49・67歳）　東京子ども図書館開設。（石井桃子、土屋滋、松岡享子）（1月）

一九七六（昭51・69歳）　環太平洋児童文学会議「家庭文庫」について講演（ブリティシュコロビア大学）。

一九七九（昭54・72歳）　トロントのオズボーンコレクションを刊行と同時に、セントジョン館長を送る会に出席　リリアン・スミス女史を訪ねる。（8月）

一九八四（昭59・77歳）　大阪府立国際児童文学館開館記念講演「子どもが本を開くとき」。（5月）　親友マーシャ・ブラウン来日、再会する。（11月）

一九九三（平5・86歳）　日本芸術院賞受賞、会員となる。

二〇〇四（平16・96歳）　日本翻訳特別賞を受賞。

二〇〇八（平20・101歳）　朝日賞（朝日新聞社、受賞時100歳）。「かつら文庫」50年記念の集い。（3月）　4月2日、逝去。

（作成・伊藤元雄）

文献目録

創作作品、随筆、評論、翻訳については初出年を確認後、年代順に記した。
作品名は当時のままにした。なお、未確認のものは掲載しなかった。
単行本、インタビュー記事、ルポルタージュ記事、特集雑誌等は除いた。

子供と本「家庭週報」（昭17・6・19）日本女子大学桜会

菊の花「少国民文化」（昭19・3）少国民文化協会・飛行機献納掲示童話

緑色の消防自動車「少年少女」（昭23・9）中央公論社

トムの教育「少年少女」（昭23・3）2号　中央公論社

山のさち「銀河」（昭23・5）新潮社

かなしいのら着「美しい暮しの手帖」（昭24・1）暮しの手帖社

プーミルン　そのほか「新児童文化」（昭25・5）国民図書刊行会

女二人の開墾「婦人朝日」（昭25・7）朝日新聞社

おとぎばなし征伐「図書」「少年文学」（昭25・12）岩波書店

子供のためのブックリストふたつ「図書」（昭25・12）岩波書店

新鮮な子供の感受性「日本女子大新聞」（昭26・8）日本女子大学

児童文学雑感「読書春秋」（昭27・2）春秋会

生れた町「中央公論」（昭27・9）中央公論社

子どもの本屋「図書」（昭27・12）岩波書店

山の隣人「文藝春秋」（昭29・8）文藝春秋

波長「婦人画報」（昭29・8）絵・富山妙子　岩波書店

トム　カツ　トムちゃん「婦人公論」（昭31・2）中央公論社

モーアさん忘れられぬ人「世界」（昭31・3）岩波書店

子どもと一しょに本を読む（1）（2）「図書」86号／87号（昭31・3／4）岩波書店

しゃけの頭「美しい暮しの手帖」（昭31・5）暮しの手帖社

我が開墾の記「婦人朝日」（昭31・7）朝日新聞社

外国では児童文学がどう読まれているか「こどもの図書館」（昭31・12）児童図書館研究会

さっちゃんとバス「こどもクラブ」5号（昭32・2）東雲堂

太宰さん「文庫」（昭32・6）岩波書店

「ノンちゃん牧場」中間報告（童話作家が牧場の夢を追った十二年）「文藝春秋」（昭32・8）文藝春秋

クリスマス・ローズの伝説「婦人之友」（昭32・12）婦人之友社

小とらちゃんの冒険「婦人之友」（昭33・1）絵・深沢紅子　婦人之友社

犬と人間「普及版こどものとも」26号折込み（昭33・5）福音館書店

アメリカ児童図書館員の先達―キャロリン・ヒューインズ女史　「図書館雑誌」（昭33・7）日本図書館協会

白蛇伝　「映画評論」（昭33・12）映画出版社

友だち　「子どもにきかせたいとっておきの話」（昭34・3）英宝社

「ひゃくまんびきのねこ」　「雨の日文庫」（昭34・6）編集委員阿部知二・石井桃子他　麦書房

子どもの本とオトナたち　「子どものしあわせ」（昭34・12）藤田圭雄・石井桃子・鳥越信　福音館書店

白雪姫　「ゴールド版　講談社の絵本」（昭34・10）講談社

子どもは歩む―坪田譲治さんにこたえる―「朝日新聞」（昭35・10・16）

みちのくにある私の牧場別荘　「旅」（昭35・11）日本交通社

子どものすがたの内と外　「保育手帖」（昭35・11）保育手帖社

児童図書館の条件　「土」（昭35・5号）金光図書館

子供と本　「土」（昭36・6号）金光図書館

ケストナーの仕事　「ドリトル先生と月からの使い」7巻（昭37・4）岩波書店

外遊のききめ　「学燈」（昭38・5）丸善書店

みがけば光る　「暮しの手帖」（昭41・2）暮しの手帖社

美しい秋の一日・バージニア・リー・バートン訪問　（昭42・1）福音館書店

灯火管制下のコーラス　「婦人公論」（昭42・2）中央公論社
トムの教育　「七いろの童話集―あいいろの本―」（昭43・3）実業之日本社
小公子とアンクル・トムについて　「児童世界文学全集4」（昭43・6）偕成社
子どもの本の書き方　三つ　「図書」（昭45・8）岩波書店
岩波の子どもの本　「絵本」（昭49・2）すばる書房
子どもの心にエンジンのかかるとき　「おしらせ」（昭49・4）東京子ども図書館
幼児のための話　「子どもの館」（昭50・1）福音館書店
文学のひろば　「文学」（昭51・12）岩波書店
いぬとにわとりの由来　「年少版こどものとも」12号（昭52・1）福音館書店
ともに歩いた記憶　「年少版こどものとも」2号（昭52・2）福音館書店
ニア・ソーリーまいり　「絵本」（昭52・6）すばる書房
プーとの出会い　「絵本」（昭52・8）すばる書房
生きているということ　「おしらせ」（昭54・1）東京子ども図書館
未知の友だちとの交信　「こどもとしょかん」第1号（昭54・4）東京子ども図書館
あふれ出る本　「こどもとしょかん」第2号（昭54・7）東京子ども図書館
瀬田貞二さんを悼む　「こどもとしょかん」第3号（昭54・10）東京子ども図書館

オズボーン・コレクションと私「世界の絵本館」（昭54・10）ほるぷ出版

瀬田さん（追悼文）「子どもの館」（昭54・12）福音館書店

本をつくる人「こどもとしょかん」第4号（昭55・1）東京子ども図書館

ことばから叫びへ？「こどもとしょかん」第5号（昭55・4）東京子ども図書館

待合室「こどもとしょかん」6号（昭55・7）東京子ども図書館

触れあい「こどもとしょかん」第7号（昭55・10）東京子ども図書館

岩波少年文庫創刊のころ「図書」（昭55・10）岩波書店

テレビでは代用できない「普及版こどものとも」4号（昭58・4）福音館書店

もっとゆっくりパリで遊んで「堀内誠一パリからの手紙」（昭64・5）日本エディタースクール出版部

このいいもの「住まい学大系「栞」しおり」（昭64・7）住まいの図書館

喜びの地下水「図書」（平2・7）岩波少年少女創刊40年記念号　岩波書店

子どもの本のあいだでさまよう「文藝」（平8・2）河出書房新社

私の本の書き方『**石井桃子全集7巻**』**小冊子**（**平10・6**）**岩波書店**

A・A・ミルンという人「**図書**」（**平16・1**）**岩波書店**

（作成・伊藤元雄）

子どもが本をひらくとき

石井桃子講演録

二〇一七年三月二〇日　第一刷発行
二〇二二年三月　五　日　第四刷発行

著　者　石井桃子
編　者　伊藤元雄
発　行　ブックグローブ社
〒三五〇-一三一六
埼玉県狭山市南入曽八五四-一七
伊藤方
Ⓣ&Ⓕ　〇四-二九三六-九二〇〇
印　刷　光陽メディア

Printed in Japan　ISBN978-4-938624-27-9